KAMA

MICHELLE RUÍZ

ÍNDICE

Kama

El viento acariciaba mi rostro, suave y templado, como si quisiera llevarse con él los suspiros que no me atrevía a liberar. Caminaba por la costa, envuelta en la calma silenciosa de un lugar que había elegido para encontrarme a mí misma, o quizás, para perderme por completo. El mar se extendía ante mis ojos como un lienzo inmenso, reflejando tonalidades que se entrelazaban con los matices de mis propios pensamientos. Ahí estaba yo, en busca de inspiración, y sin embargo, lo que encontraba era una mezcla de nostalgia y deseo, un anhelo que no lograba definir.

Entré a la pequeña cafetería de la esquina, mi refugio habitual desde que llegué a este rincón olvidado del mundo. El olor a café recién molido impregnaba el aire, envolviéndome en una especie de calma tibia, como si la rutina cotidiana pudiese hacerme olvidar la tormenta interna que no paraba de agitarse. Me senté en la mesa junto a la ventana, observando cómo el mundo seguía girando, indiferente a mi presencia.

—¿Te importa si me siento aquí? — una voz grave rompió la quietud de mis pensamientos.

Levanté la mirada. Ahí estaba él: un hombre cuya presencia parecía tener el poder de detener el tiempo. Su figura proyectaba seguridad y misterio, y sus ojos, aquellos ojos verdes como el mar en calma, me observaban con una intensidad que desarmaba cualquier defensa.

—Claro, no hay problema —respondí, tratando de mantener la compostura, aunque mi corazón ya comenzaba a acelerar su ritmo.

—Soy Leo —dijo.

Asentí con la mirada. Buen nombre para quien parece un León, pensé.

Nos sentamos en silencio, el tipo de silencio que no necesita palabras para comunicar. Observé sus manos mientras jugueteaba con la cámara que llevaba colgada al cuello, sus dedos largos y firmes tocaban el lente con la delicadeza de quien conoce cada rincón de su herramienta de trabajo. Yo, sin embargo, me sentía como un lienzo en blanco frente a él, lista para ser pintada con historias que ni siquiera sabía que existían.

—Eres escritora, ¿no? —preguntó de repente, con una sonrisa que me desarmó aún más.

—Algo así. Estoy aquí para escribir... o al menos eso intento —contesté con una risa nerviosa.

Leo asintió lentamente, como si entendiera lo que ni siquiera yo lograba poner en palabras. Luego, sin previo aviso, sacó su cámara y apuntó hacia mí.

—¿Te importa si te tomo una foto?

El clic del obturador resonó en el aire antes de que pudiera responder, y en ese momento, sentí cómo el mundo se encogía hasta reducirse a un simple instante: yo, frente a él, bajo la luz suave de la tarde. El ambiente entre nosotros cambió, como si ese acto sencillo de capturar una imagen nos hubiera conectado de alguna forma íntima y profunda.

Sus ojos me devoraban, y yo me dejé llevar por la sensación, como si su mirada fuera capaz de desnudar cada rincón de mi alma, revelando partes de mí que ni siquiera sabía que existían. Mi piel se erizó bajo el peso invisible de su atención, una corriente eléctrica que se movía entre nosotros, inevitable e incontrolable.

—Tienes algo... diferente. Algo que va más allá de lo que escribes —murmuró, su voz apenas un susurro, como si esa confesión fuera un secreto que solo compartíamos nosotros dos.

—¿Y tú qué sabes de mí?, ni siquiera te he dicho mi nombre —repliqué con una sonrisa ladeada, tratando de mantener el control de la situación, aunque ya era demasiado tarde.

—Más de lo que imaginas —respondió, inclinándose un poco hacia adelante, reduciendo aún más la distancia entre nosotros.

Mi respiración se volvió más lenta, más profunda, mientras sentía cómo su presencia se filtraba en cada rincón de mi ser, ocupando el espacio que antes estaba reservado para mis pensamientos, mis dudas.

—Por cierto, soy kara —dije.

—Lo sé —respondió—. Te dije, sé más de ti de lo que imaginas.

Supe que Leo no era solo un encuentro casual.

Encuentros

La luz dorada del atardecer se filtraba a través de las cortinas de la pequeña cafetería que se había convertido en nuestro refugio. Los días pasaban de una manera suave, como el viento que acaricia sin prisa, y así fue cómo Leo y yo empezamos a encontrarnos con más frecuencia. Era como si la vida nos llevara de la mano, llevándonos a esos momentos en los que el silencio era cómodo y las palabras se volvían innecesarias.

—¿Recuerdas nuestra conversación? —dije.

—Todas y cada una —dijo.

—Me refiero a nuestra primera conversación.

—La recuerdo.

—Dijiste que era diferente.

—Y lo eres, no tengas duda.

—Quizá tú también eres diferente —susurré, dejando que mis palabras flotaran en el aire, mientras el viento seguía jugando con nuestros destinos.

—Me encanta esta hora del día —dijo Leo, observando la luz danzar sobre la superficie de su taza de café—. Todo parece más... real, como si el tiempo quisiera detenerse un momento para darnos una tregua.

Lo observé de reojo, admirando la calma que emanaba de él. Sus palabras siempre tenían una cualidad hipnótica, y aunque trataba de no mostrarlo, cada vez que me miraba, sentía como si todo lo demás desapareciera.

—Es una tregua para algunos —dije, intentando sonar despreocupada, pero sintiendo cómo una sombra de duda se deslizaba por mi mente.

—Lo es —afirmé.

Había algo en su presencia que me hacía sentir segura, pero también vulnerable. Esa seguridad que él irradiaba chocaba con mis propios miedos. Miedos que había guardado desde aquel romance que se desmoronó hace tiempo, como una torre de arena arrastrada por el mar. Había aprendido a construir muros, a mantener la distancia cuando el mundo se volvía demasiado cercano. Y, sin embargo, aquí estaba, con Leo, en una amistad que comenzaba a sentirse como algo más, aunque yo no estaba segura de querer abrir esa puerta.

—¿A qué te refieres? —preguntó Leo, girando su cuerpo ligeramente hacia mí. Su atención estaba totalmente centrada en mis palabras, como si cada cosa que dijera tuviera un peso que yo misma no podía medir.

Solté un suspiro, mirando por la ventana. Los recuerdos de mi pasado intentaban colarse entre nosotros, y yo luchaba por no dejar que lo hicieran. No quería que mi historia lo definiera todo, pero tampoco podía ignorarla.

—Digamos que he aprendido que las cosas no siempre son lo que parecen —respondí, finalmente mirándolo a los ojos—. A veces la luz es solo un espejismo, y cuando te acercas, desaparece.

Él me estudió por un momento, como si tratara de descifrar lo que escondía tras esas palabras.

—Todos llevamos cicatrices. Algunas más visibles que otras —dijo con suavidad, y en su mirada vi algo más que comprensión; vi experiencia, como si él también hubiese conocido el dolor que intentaba dejar atrás—. Pero no por eso dejamos de buscar la luz.

Su respuesta me desarmó, y por un instante, todo lo que quise hacer fue confiar en él. Quise creer que él no era como los demás, que con él las cosas serían diferentes. Pero no era tan simple. Mis miedos eran un eco constante en mi cabeza, recordándome lo que había perdido antes.

—No es tan fácil —murmuré—. La última vez que dejé entrar a alguien, todo se desmoronó. No sé si puedo hacerlo otra vez.

Leo me miró con esa intensidad que ya comenzaba a conocer tan bien. Su expresión no era de lástima ni de juicio, sino de una comprensión tranquila, como si supiera que las heridas no sanan de la noche a la mañana.

—No tienes que hacerlo ahora, ni siquiera mañana —respondió, tomando mi mano por primera vez—. Podemos ir despacio. No estoy aquí para apresurar nada, Kara. Solo quiero conocerte, sin prisas.

Sentí el calor de su piel contra la mía, y por un momento, esa conexión silenciosa habló más que cualquier palabra que hubiéramos compartido hasta entonces. El miedo seguía ahí, acechando en el fondo, pero algo en su manera de tocarme, tan suave y sin exigir nada, me hizo querer intentarlo. Al menos, intentarlo.

—Tal vez —dije con una pequeña sonrisa, la primera sincera en días—. Tal vez pueda darte una oportunidad.

Leo sonrió, y en su sonrisa vi una promesa de algo nuevo, algo que no necesitaba apresurarse.

El tiempo seguía siendo nuestro aliado, y mientras las risas y las conversaciones profundas continuaban, el peso del pasado parecía desvanecerse lentamente, como las olas que borran las huellas en la arena.

Lo miré a los ojos, esos ojos que había comenzado a ser mi refugio.

Risas

Aquella noche, el aire en la habitación estaba cargado de una energía eléctrica, una mezcla de risas, copas de vino y esa emoción que sólo puede surgir cuando estás rodeada de amigos. Leo y yo habíamos comenzado a vernos más seguido, y aunque todavía no podía decir que estaba completamente abierta a él, sus pequeños gestos, su constante presencia, habían comenzado a desmoronar lentamente los muros que había construido a mi alrededor. Y, sin darme cuenta, ya me encontraba entrelazada en su círculo de amigos, todos con la misma chispa desenfadada que él llevaba.

—Bueno, ¿quién se atreve a lanzar el primer reto? —dijo Leo con una sonrisa retadora, mientras se recostaba cómodamente en su silla, con los ojos brillando de emoción.

La sala se quedó en silencio por un momento, y miré a mi alrededor, observando las miradas curiosas y cómplices de los demás. Todos estábamos esperando a ver quién sería el primero en romper el hielo. Yo, como siempre, prefería quedarme en la seguridad de mi anonimato, observar desde las sombras, sin ser el centro de atención.

—Vamos, Kara —dijo Leo, sin apartar los ojos de mí—. ¿Qué te asusta?

Mis ojos lo encontraron, desafiantes y un poco nerviosos. Era su manera de retarme, de sacarme de ese lugar cómodo donde siempre me refugiaba. Sabía que estaba jugando conmigo, pero también sabía que era exactamente lo que necesitaba. Quería sacudirme, hacerme sentir viva de nuevo, y eso me asustaba.

—¿Yo? —dije, haciendo una mueca juguetona mientras tomaba un sorbo de vino, tratando de ganar tiempo—. No sé si quiero entrar en este juego...

—Oh, vamos —intervino Marta, una de las amigas de Leo—. ¡Es sólo un reto! Algo que te saque de tu zona de confort. Nada demasiado extremo.

La adrenalina comenzó a correr por mis venas. Había algo intoxicante en el ambiente, en la manera en que todos se miraban, como si estuviéramos al borde de algo emocionante. Y, por primera vez en mucho tiempo, sentí ese impulso de hacer algo imprudente, de lanzarme sin mirar atrás.

—Está bien —dije, dejando la copa de vino sobre la mesa y mirándolo directamente a los ojos—. Acepto el reto.

Los ojos de Leo se iluminaron, y su sonrisa se amplió, esa sonrisa que parecía prometer que todo saldría bien, que no había nada que temer. Pero en el fondo, yo sabía que este reto no se trataba de una simple broma entre amigos. Para mí, implicaba mucho más. Implicaba exponerme, salir de esa caja en la que había estado atrapada durante tanto tiempo.

—Mi desafío para ti —dijo él, inclinándose un poco hacia adelante, sus palabras flotando en el aire como un susurro cargado de promesas—: es que hagas algo que te aterre de verdad. No algo físico, no un salto en paracaídas, sino algo emocional. Algo que rompa con esas barreras que te has impuesto.

Sentí que el calor subía por mi cuello. No podía apartar la mirada de Leo. Sabía exactamente a qué se refería. Sabía que me estaba pidiendo más que cualquier reto superficial.

—Y yo estaré a tu lado, todo el tiempo —añadió, su tono bajo, suave, pero lleno de convicción.

—¿Y qué propones? —pregunté, mi voz sonando más segura de lo que me sentía en ese momento.

—Escribe sobre ti misma —dijo Leo, sin dudarlo—. No sobre tus personajes, no sobre tus historias. Escribe sobre Kara. La verdadera Kara.

Mi corazón se detuvo por un segundo. Escribir sobre mí misma...

Desnudarme en palabras, exponer mis miedos, mis deseos, mi pasado. Era un reto monumental, más grande que cualquier otra cosa que me hubiera imaginado. Mi escritura siempre había sido mi refugio, un lugar donde podía esconderme detrás de personajes ficticios. Pero ahora me pedían que quitara todas las capas, que me enfrentara a mí misma.

—No sé si puedo hacer eso... —murmuré, casi para mí misma.

Leo me miró con ternura, inclinándose hacia mí, y con una voz apenas audible, me dijo:

—No tienes que hacerlo sola. Estoy aquí. Te prometí que te apoyaría, y lo haré.

Las palabras de Leo resonaron en mi interior. Había algo en su voz, en la promesa silenciosa detrás de sus palabras, que me hizo sentir capaz, que me hizo querer intentarlo, a pesar del miedo que me invadía. Por primera vez en mucho tiempo, no me sentí sola en este viaje.

Tomé una respiración profunda y asentí.

—Está bien —dije finalmente—. Acepto el desafío.

...

Mientras las conversaciones fluían a mi alrededor, sentí la mano de Leo rozar la mía, un toque suave pero lleno de significado. Me condujo a una de las habitaciones

—¿Qué hace? —dije.

—Quería pasar un tiempo a solas contigo —dijo y me besó el cuello.

—Nos pueden ver.

—Se llevarán un gran espectáculo —dijo.

Nuestras ropas cayeron al piso. Se detuvo un momento a admirar mi cuerpo y yo el suyo. Tenía músculos definidos y el pecho sobresaliente.

—Me encantas —dijo.

Comenzamos a besarnos. Me recostó en la cama, recorrió cada centímetro de mi cuerpo con sus labios, hasta detenerse en mi entrepierna, jugó con mi clítoris como quien juega con una fruta antes de comerla. Mis gemidos inundaron la habitación de un eco que resonaba en nuestras mentes. Finalmente entró en mí con movimientos suaves, mi respiración aumentó. Luego todo cambió, la suavidad de un principio se convirtió en algo salvaje, nos mordimos y nuestros cuerpos comenzaron una lucha por dominar al otro, alcanzamos el orgasmo al mismo tiempo…

Leo

La luz del amanecer se colaba tímidamente por las ventanas de la cafetería, bañando el lugar en una cálida luz dorada. Desde mi mesa, observaba cómo la vida seguía su curso afuera, mientras yo trataba de ordenar los pensamientos que giraban sin control en mi mente. Había comenzado a asistir al taller de escritura hace unos días, y aunque la experiencia me había llevado a explorar rincones de mí que prefería mantener ocultos, el proceso también había despertado una serie de emociones con las que no estaba preparada para lidiar.

Leo seguía siendo una presencia constante en mi vida, y eso me confortaba. Pero en los últimos días, había algo diferente en el aire. Algo intangible, como una sombra que no podía ignorar. Y esa sombra tenía nombre: Maya.

Maya, la artista local de mirada seductora y risa contagiosa, se había acercado a nuestro círculo con una facilidad que me desconcertaba. No era solo su talento lo que parecía cautivar a todos, sino la manera en que se movía en el mundo, con una confianza que contrastaba con mi propia inseguridad.

Leo y ella habían congeniado casi de inmediato, y cada vez que los veía juntos, sentía una punzada de celos que me recorría como una flecha silenciosa.

—¿Todo bien, Kara? —preguntó Marta, interrumpiendo mis pensamientos mientras dejaba una taza de café sobre la mesa.

—Sí... sí, todo bien —respondí, forzando una sonrisa que no alcanzaba mis ojos.

Pero no estaba bien. Nada lo estaba. Me molestaba ver cómo Leo sonreía de esa manera relajada cuando hablaba con Maya. Cómo sus ojos parecían brillar cuando ella contaba alguna anécdota absurda sobre sus viajes. Y aunque intentaba racionalizarlo, decirme que no era nada, la sensación de inseguridad crecía dentro de mí como una sombra que no podía detener.

—No te preocupes tanto —dijo Marta, notando mi incomodidad—. Leo y tú tienen algo especial. Solo necesitas confiar en eso.

"Confiar". Esa palabra se había convertido en una especie de mantra que me repetía constantemente. Pero la confianza no siempre venía fácil, no cuando el fantasma de mis fracasos anteriores seguía acechando en cada rincón de mi mente.

Esa tarde, decidí dar un paseo por la playa, esperando que la brisa marina pudiera aclarar mis pensamientos. Caminé descalza por la orilla, sintiendo la arena fría bajo mis pies y el murmullo constante de las olas. Las palabras del taller de escritura todavía resonaban en mi cabeza, pidiéndome que profundizara, que explorara, que me enfrentara a mis demonios. Pero ¿cómo podía hacerlo cuando el miedo a perder lo que estaba construyendo con Leo me consumía?

De repente, lo vi. A lo lejos, Leo estaba sentado en una de las mesas de la terraza de la cafetería, charlando animadamente con Maya. Su risa flotaba en el aire, ligera y despreocupada, como si no hubiera nada en el mundo que lo inquietara. Sentí una opresión en el pecho, una mezcla de celos, inseguridad y, sobre todo, miedo. Habíamos estado haciendo el amor como locos durante semanas, quizás se aburrió de mí, pensé.

Me acerqué lentamente, sin que me vieran, tratando de interpretar cada gesto, cada mirada. ¿Era yo la que estaba exagerando? ¿O había algo entre ellos que no podía ver con claridad?

—Kara —dijo Leo, sorprendido al verme cuando llegué finalmente a su lado—. No te esperaba por aquí.

—Solo estaba paseando —respondí, tratando de sonar casual, aunque la tensión era evidente en mi voz.

Maya me sonrió, despreocupada.

—Kara, ¡qué bueno verte! Leo me estaba contando sobre tu taller de escritura. Me encantaría leer algo tuyo algún día.

—Gracias... —murmuré, sin poder quitarme la incomodidad de encima.

Leo me miró, sus ojos buscando algo en los míos, tal vez una explicación para mi repentino silencio. Pero no podía hablar, no cuando sentía que todo lo que había entre nosotros se desmoronaba poco a poco, sin que pudiera hacer nada para evitarlo.

Mi mente vagaba entre pensamientos confusos, entre preguntas sin respuestas. ¿Estaba perdiendo a Leo? ¿O era yo la que, con mis inseguridades, estaba arruinando todo?

Descanso

El aire fresco del fin de semana abrazaba nuestra piel mientras Leo y yo caminábamos por el sendero que nos llevaba hacia el mirador. Las montañas se extendían frente a nosotros, majestuosas y vastas, pero mi mente estaba en otro lugar, vagando entre pensamientos y emociones que apenas podía controlar.

—Es increíble, ¿verdad? —dijo Leo, deteniéndose para observar el horizonte—. No hay nada como esto para despejar la mente.

—Sí... es hermoso —respondí, aunque mis palabras sonaron mecánicas. Mi corazón latía con fuerza, no por la belleza del paisaje, sino por lo que sabía que se avecinaba.

Habíamos decidido hacer esta escapada para desconectarnos del ruido de la ciudad, para alejarnos de las distracciones. Pero en realidad, ambos sabíamos que había algo más profundo entre nosotros que necesitaba ser aclarado.

Mientras el sol comenzaba a descender en el cielo, su luz cálida bañaba el paisaje en tonos dorados. Leo me miró, sus ojos brillando con una mezcla de ternura y deseo que me hacía sentir expuesta, como si pudiera ver todo lo que trataba de esconder.

—Kara —dijo suavemente, tomando mi mano—. A veces siento que te tengo tan cerca... y otras, que te escapas.

Su toque era cálido, familiar, pero sus palabras me hicieron sentir como si un nudo invisible se apretara en mi pecho.

—No es fácil para mí, Leo —susurré, evitando su mirada mientras el peso de lo que estaba por decir se asentaba sobre mis hombros—. Lo que siento por ti me asusta. No sé si estoy lista para... esto.

Su pulgar trazó círculos suaves sobre mi mano, pero su silencio me decía que estaba esperando una explicación.

—Después de lo que pasó en mi última relación —continué, luchando por mantener mi voz estable—, no estoy segura de si puedo darme por completo a alguien otra vez. Me asusta la idea de perderme en otra persona.

Leo asintió lentamente, como si estuviera procesando mis palabras, pero su mirada no se desvió ni un segundo de mí. Había algo en su forma de escuchar que siempre me había tranquilizado, pero en ese momento, me hacía sentir vulnerable.

—Entiendo, Kara —dijo finalmente, con una calma que me sorprendió—. No quiero presionarte. Pero también necesito saber si tienes espacio en tu vida para esto, para nosotros.

Nos sentamos en una roca cercana, el silencio de la montaña envolviéndonos. La intimidad del momento me abrumaba, no por el físico, sino por la cercanía emocional. Nos habíamos desnudado mutuamente de todas nuestras capas, exponiendo no solo lo que queríamos, sino también lo que temíamos.

—No sé si tengo la respuesta —murmuré, sintiendo el peso de mis propias dudas—. Pero sé que no quiero perderte.

Leo no dijo nada. En cambio, se inclinó hacia mí, y antes de que pudiera reaccionar, sus labios rozaron los míos con una suavidad que me estremeció. Era un beso cargado de significado, no solo deseo, sino promesas y preguntas sin resolver. Sentí cómo mi cuerpo respondía al suyo, cómo cada toque, cada caricia encendía algo dentro de mí que había intentado mantener apagado.

El mundo a nuestro alrededor parecía desvanecerse. Solo existíamos nosotros, el calor de su piel contra la mía, el latido de su corazón que podía sentir bajo mis dedos. Pero, incluso en ese momento de conexión absoluta, sentí una sombra de incertidumbre que no podía ignorar.

Cuando finalmente nos separamos, su frente se apoyó contra la mía, y su respiración aún agitada reflejaba la mía.

—Kara, no tienes que decidir ahora. Solo quiero que sepas que estoy aquí. Siempre lo estaré.

Su voz, tan segura, me hizo sentir aún más pequeña frente a mis propios miedos. Sabía que sus palabras eran sinceras, pero también sabía que había algo dentro de mí que necesitaba resolver antes de poder aceptar lo que él me ofrecía.

El viaje de regreso fue silencioso, pero no incómodo. Era el tipo de silencio que ocurre cuando ambas personas están sumidas en sus propios pensamientos, procesando lo que acababa de pasar. Leo condujo, sus ojos enfocados en la carretera, mientras yo miraba por la ventana, observando el paisaje pasar, pero perdida en mis propios laberintos.

Cuando llegamos a la ciudad, sentí una oleada de emociones: alivio, confusión, miedo.

—Gracias por el fin de semana —dije suavemente mientras me bajaba del coche, sintiendo que cada palabra llevaba un peso emocional que no había sentido antes.

—Cuando estés lista, hablamos —respondió Leo, con una sonrisa suave, pero sus ojos revelaban la preocupación que trataba de ocultar.

Me alejé lentamente, cada paso hacia mi apartamento se sentía como si me alejara no solo de él, sino de la posibilidad de lo que podríamos ser juntos.

Amor

El aire en el pequeño café costero estaba cargado de palabras no dichas. El suave murmullo de conversaciones ajenas era apenas un eco lejano mientras Leo y yo nos mirábamos desde lados opuestos de la mesa. Mi corazón latía con fuerza, y sentía cada pulso en mis sienes, en mis manos. Sabía que había llegado el momento de enfrentarlo, de desenterrar lo que durante semanas había intentado ignorar.

—Leo, tenemos que hablar —dije, mi voz temblando ligeramente, pero lo suficientemente firme como para captar su atención.

Él levantó la vista de su taza, sus ojos oscuros buscando los míos con una mezcla de sorpresa y cansancio.

—¿Sobre qué? —preguntó, aunque ambos sabíamos la respuesta.

—Sobre nosotros. —La palabra "nosotros" salió como un susurro, cargada de todo lo que había estado conteniendo.

El silencio fue cortante, una pausa que parecía durar una eternidad. Sentí el peso de cada segundo mientras Leo dejaba su taza en la mesa y se recostaba en su silla. Su expresión cambió, endureciéndose.

—Kara, ¿de qué estás huyendo? —dijo, su voz baja, pero cargada de una frustración palpable.

Mis manos se apretaron bajo la mesa, luchando por encontrar las palabras adecuadas. Sabía que él tenía razón. Había estado huyendo, alejándome cada vez que me sentía vulnerable, cada vez que las cosas entre nosotros parecían volverse demasiado reales.

—No estoy huyendo —mentí, sintiendo cómo las palabras se atragantaban en mi garganta—. Es solo que... esto es complicado. No sé si estoy lista para...

Leo se inclinó hacia adelante, interrumpiéndome.

—¿Lista para qué? ¿Para sentir algo? ¿Para dejar de poner barreras entre nosotros cada vez que estamos cerca de algo real? —Su tono era duro, pero en el fondo se escondía el dolor.

Me mordí el labio, evitando su mirada. Mi pecho se apretaba. Sabía que él tenía razón, pero no podía simplemente entregarme a mis emociones. El miedo de ser herida nuevamente, de abrirme para luego ser rechazada, era una constante en mi mente.

—No es tan sencillo, Leo —respondí finalmente, con la voz rota—. Tengo miedo.

—Todos tenemos miedo, Kara. No puedes dejar que eso te controle. —Su voz se suavizó, pero el peso de sus palabras cayó sobre mí con fuerza.

Los recuerdos de mi último romance fallido surgieron como fantasmas, recordándome por qué había levantado esas murallas. Pero con Leo era diferente. Lo sabía desde el principio, desde el primer encuentro en aquella pequeña cafetería, cuando nuestras miradas se cruzaron por casualidad. Sentía una conexión, algo que nunca había experimentado antes.

—No quiero perderte —dije finalmente, mi voz apenas un susurro, cargada de la vulnerabilidad que tanto había temido mostrar.

Leo exhaló profundamente, pasando una mano por su cabello despeinado, como si intentara encontrar las palabras que ambos necesitábamos escuchar.

—Kara, yo tampoco quiero perderte. Pero no puedo seguir siendo quien está esperando a que decidas si quieres dar el siguiente paso o no.

El dolor en su voz era evidente, y me atravesó como una daga. Estaba a punto de responder, de decirle que lo entendía, que estaba lista para intentarlo, cuando la puerta del café se abrió y una figura familiar entró. Maya.

Sentí cómo la tensión en la sala se multiplicaba al instante. Ella caminó hacia nosotros, sin siquiera notar la tormenta emocional que nos rodeaba, o tal vez sí lo hizo, pero no le importó. Sus ojos estaban clavados en Leo, su sonrisa dulce y letal al mismo tiempo.

—Hola, Leo —saludó, ignorándome por completo.

Leo levantó la mirada hacia ella, sorprendido.

—Maya, este no es un buen momento... —comenzó, pero ella ya estaba junto a la mesa, su mano descansando sobre su hombro con una familiaridad que me hizo hervir por dentro.

—Quería hablar contigo. Es importante —Maya no se molestó en disimular, y mi corazón se encogió al ver la forma en que Leo fruncía el ceño, incómodo pero atrapado en esa situación.

—Maya, estoy en medio de algo... —Leo trató de explicar, pero la interrupción había roto el frágil equilibrio que habíamos construido en nuestra conversación.

Mis emociones, que ya estaban al borde del colapso, se desbordaron. La confusión y el dolor me invadieron, y antes de que pudiera controlarlo, me levanté de la mesa.

—Creo que esto ya no importa, Leo —dije con voz fría, aunque mi corazón se rompía en mil pedazos.

Leo me miró, su rostro una mezcla de sorpresa y desesperación.

—Kara, espera... —intentó detenerme, pero yo ya estaba caminando hacia la salida, con la sensación de que, tal vez, este era el final de algo que ni siquiera había comenzado.

Mientras el viento del mar me golpeaba al salir del café, sentí las lágrimas acumulándose en mis ojos.

Murmullo

El murmullo de la gente en la calle apenas me llegaba mientras caminaba hacia la playa, necesitando la soledad del horizonte, la única constante en mi vida. Tal vez era mejor así.

El aire salado llenaba mis pulmones, pero en mi mente solo había caos. La escena del café, la intensidad de los últimos días con Leo, y las palabras que nunca llegué a decir seguían rondando en mi cabeza, como si se negaran a desvanecerse.

Abrí el cuaderno, pero las palabras no fluían como antes. Mis pensamientos estaban atrapados entre la confusión y el miedo, y cada línea que intentaba escribir parecía reflejar la misma incertidumbre que sentía por dentro. ¿Cómo podía plasmar en palabras lo que ni siquiera lograba comprender completamente?

Leo. Su nombre era un eco constante en mi mente, una presencia que, a pesar de la distancia que había impuesto, no podía dejar de sentir. Había algo en él, en su forma despreocupada de ver la vida, que había logrado atravesar todas mis defensas. Sin embargo, la inseguridad que me había acompañado durante tanto tiempo seguía ahí, envolviéndome como una sombra que no quería soltarme.

"¿Qué estás buscando realmente, Kara?", me pregunté a mí misma mientras garabateaba sin rumbo en el papel. Las líneas no formaban palabras coherentes, solo eran reflejos de una mente saturada. Sabía que, de alguna manera, necesitaba ordenar mis pensamientos, necesitaba encontrar claridad. Pero cada vez que intentaba hacerlo, aparecía la imagen de Leo... y de Maya.

Cerré los ojos, tratando de dejar que el sonido del mar calmara mi interior. Leo había dicho que tenía miedo de que yo no estuviera lista, y tal vez tenía razón. Pero también sabía que no podía continuar atrapada en esta indecisión para siempre. Necesitaba entender lo que realmente quería. ¿Era él lo que mi corazón anhelaba? ¿O era simplemente el miedo a quedarme sola lo que me empujaba hacia él?

Con el atardecer acercándose, el cielo comenzó a teñirse de colores cálidos y suaves, como una pintura que se desplegaba lentamente ante mis ojos. Siempre había amado esa hora del día, cuando el mundo parecía detenerse por un instante, y las sombras se alargaban como si también estuvieran buscando respuestas. Mi cuaderno seguía abierto en mi regazo, y, finalmente, después de lo que parecieron horas de lucha interna, comencé a escribir.

Siempre me he sentido atrapada entre dos mundos: el de lo que quiero y el de lo que temo. El deseo y el miedo conviven en mi interior como dos amantes que nunca logran encontrarse. Leo me ha mostrado un mundo donde la vida se siente libre, pero al mismo tiempo, siento que podría perderme en esa libertad. Y si me pierdo, ¿quién seré?

Las palabras comenzaron a fluir lentamente, como si, poco a poco, mi mente lograra deshacerse del nudo en el que estaba atrapada. Escribir sobre él, sobre mis miedos, me ayudaba a ver las cosas con una nueva claridad. No se trataba solo de Leo. Se trataba de mí, de lo que estaba dispuesta a dejar ir y de lo que necesitaba recuperar.

Escribí sobre el momento en que lo conocí, sobre cómo me había hecho reír con su manera despreocupada de ver el mundo. Recordé cada conversación, cada roce accidental que había sentido como una chispa recorriéndome la piel. Pero también escribí sobre el miedo que había sentido cada vez que me acercaba más a él, ese miedo a perderme en lo que él representaba.

El arte y el amor son dos formas de exposición. Ambos requieren una entrega completa, una vulnerabilidad que siempre me ha asustado. He estado escondida detrás de mis palabras, pero ahora me pregunto: ¿qué pasaría si dejara que alguien las leyera de verdad?

Terminé de escribir justo cuando el sol desapareció por completo en el horizonte, dejando solo el reflejo de su luz en el mar. Guardé el cuaderno, sintiéndome un poco más liviana, aunque aún no tenía todas las respuestas.

Sabía que Leo también estaba lidiando con sus propios pensamientos. Lo conocía lo suficiente para saber que, aunque aparentara ser despreocupado, las cosas lo afectaban más de lo que dejaba ver. ¿Y si él también estaba buscando respuestas en este momento? La pregunta me rondaba, pero decidí que, por ahora, debía concentrarme en mí misma.

El viento frío comenzó a soplar, y me envolví más en mi abrigo mientras me levantaba y caminaba de regreso al pequeño estudio que había alquilado. Sabía que no podría evitar a Leo para siempre, pero necesitaba este tiempo para entender mis propios sentimientos. Al final del día, la respuesta no estaba en él, sino en mí.

Llegué al estudio y encendí una pequeña lámpara. El lugar, con sus paredes blancas y su decoración mínima, siempre había sido mi refugio, pero en este momento se sentía demasiado vacío. Dejé el cuaderno en la mesa y me acerqué a la ventana, mirando el reflejo de la luna en el agua.

Lectura

El auditorio estaba iluminado con una luz suave que contrastaba con la oscuridad de la noche fuera. Mis manos temblaban un poco mientras sostenía las páginas que iba a leer. A pesar de haber escrito esas palabras desde lo más profundo de mi ser, exponerlas ante un público era otra cosa, algo que no estaba segura de poder manejar. Y lo peor de todo era que sabía que Leo estaría ahí.

Desde nuestra última conversación, el silencio entre nosotros había sido ensordecedor. Lo había sentido a cada momento: en las mañanas cuando el sol salía sin su sonrisa, en las tardes cuando el viento susurraba su nombre, en las noches cuando mi piel extrañaba su calor. Pero hoy, en esta sala llena de extraños, sabía que él iba a estar allí, observándome, esperando algo, tal vez una señal, una palabra, algo que le confirmara lo que ambos sabíamos pero no habíamos dicho.

Subí al escenario con la respiración agitada. Las luces me cegaban, pero aun así pude verlo en la primera fila. Su mirada fija en mí, intensa como siempre, con esa mezcla de curiosidad y anhelo que siempre lo había definido. Intenté no mirarlo demasiado tiempo; si lo hacía, perdería el control de lo que estaba a punto de leer.

—Esta es una pieza muy personal —comencé, mi voz sonando un poco más baja de lo que esperaba—. Es una carta sobre el amor, la vulnerabilidad... y el miedo.

Leí las primeras líneas, las palabras fluyendo con una cadencia suave, pero cada frase era como un latido que se aceleraba. A medida que avanzaba, el silencio en la sala se volvía más profundo, más denso. Podía sentir a Leo, su atención, su corazón latiendo en sincronía con el mío. Era como si cada palabra que pronunciaba estuviera destinada a él, aunque no lo mencionara.

—Siempre he tenido miedo de abrirme completamente —leí, mi voz temblando un poco—. El amor, para mí, ha sido como caminar en el filo de una navaja, sabiendo que en cualquier momento podría caer y romperme. Pero también sé que el amor, el verdadero amor, no es algo de lo que puedas huir para siempre.

Pausé, mi respiración se hizo más profunda, y en ese instante levanté la vista. Nuestros ojos se encontraron, y fue como si el mundo se detuviera. En su mirada había algo diferente, algo que no había visto ántes: comprensión. No había reproches, no había preguntas sin respuesta, solo una aceptación profunda de lo que éramos, de lo que habíamos sido.

—El amor no siempre es fácil, nunca lo es —continué, sin apartar la mirada de él—. A veces es complicado, a veces duele, y a veces nos asusta tanto que preferimos alejarnos antes que enfrentarlo. Pero cuando encuentras a alguien que te ve tal como eres, que te acepta con todas tus imperfecciones, entonces es cuando el amor se convierte en algo más. Se convierte en un hogar.

La sala estaba en completo silencio. Cada palabra que pronunciaba parecía llenar el espacio entre nosotros, reduciendo la distancia que había construido entre Leo y yo. Terminé de leer, mi voz apenas un susurro al final, pero lo suficientemente fuerte como para que él lo escuchara.

Cuando bajé del escenario, mi cuerpo temblaba. No sabía qué esperar. La sala estalló en aplausos, pero yo solo podía pensar en una cosa: él. Caminé hacia el lado, tratando de mezclarme entre las personas, pero entonces lo vi, avanzando hacia mí con pasos firmes, decidido. Mi corazón se aceleró.

—Kara —su voz era suave, pero cargada de emoción—. Lo que dijiste... lo que escribiste...

Sentí el peso de sus palabras, y antes de que pudiera responder, él continuó.

—He estado pensando en ti, todo este tiempo. No sabía si lo que teníamos era real o si solo estaba en mi cabeza, pero ahora lo sé. Lo que dijiste esta noche... me hizo darme cuenta de cuánto te necesito en mi vida.

Nos quedamos mirándonos, el tiempo suspendido entre nosotros. Podía sentir el calor de su cuerpo, la proximidad que tanto había extrañado, y de repente, todo lo que había estado reprimido dentro de mí salió a la superficie.

—Leo —dije, mi voz casi inaudible—, yo también te he extrañado. Pero tenía miedo... miedo de lo que esto significaba, miedo de lo que podría pasar si nos dejábamos llevar.

Él dio un paso más hacia mí, tan cerca que podía sentir su respiración.

—¿Y ahora? —preguntó, con esa mezcla de ternura y vulnerabilidad que me desarmaba completamente.

Lo miré a los ojos, sabiendo que no podía mentir, que no podía seguir ocultando lo que sentía.

—Ahora sé que no quiero perderte. Que no quiero seguir viviendo con miedo.

Leo sonrió, y su mano rozó suavemente mi rostro. El toque fue como un incendio que encendió cada fibra de mi ser.

—Entonces no lo hagamos —murmuró, y antes de que pudiera decir algo más, sus labios encontraron los míos.

El beso fue suave al principio, casi como una pregunta, pero pronto se convirtió en una afirmación, una promesa silenciosa de que lo intentaríamos, de que no dejaríamos que el miedo nos controlara más. Nos abrazamos, y en ese momento, todo el ruido del mundo se desvaneció. Solo éramos él y yo, finalmente dispuestos a abrir nuestros corazones. No sé cuánto tiempo pasó antes de que estuviéramos haciendo el amor en su departamento. La poca luz que entraba por la ventana iluminaba nuestros cuerpos desnudos. Mis dedos recorrieron su entrepierna y no dudé en llevarla a la boca. Fue como probar un dulce. Lo tomé de las nalgas mientras mi lengua y garganta hacían su trabajo. Luego me devolvió el favor. Primero rodeo mi ombligo con su lengua, luego hizo lo mismo con mis labios para terminar en mi clítoris. Cuando estaba punto de terminar me embistió como un toro salvaje, me corrí como nunca antes…, esa fue la primera de cuatro veces en la noche…

Adelante

La luz dorada del atardecer entraba por las ventanas del estudio, tiñendo todo con un resplandor suave y cálido. El aire olía a café recién hecho y a esa mezcla peculiar de papel viejo y pintura que siempre había adorado. Me encontraba sentada en mi mesa de trabajo, rodeada de bocetos, borradores y fotografías. Mi mente estaba en mil lugares al mismo tiempo, pero todos conducían a un solo punto: Leo.

Habíamos decidido dar el paso juntos, dejando atrás las dudas, los miedos y las inseguridades. Aún me sorprendía la facilidad con la que nuestras vidas se habían entrelazado, como si siempre hubieran estado destinadas a converger en este momento. Mientras miraba una de las fotos que él había tomado —una imagen en blanco y negro de mí, sonriendo sin darme cuenta—, me sentí más expuesta y, a la vez, más viva de lo que jamás me había sentido.

Leo estaba en la otra habitación, colgando las últimas piezas de nuestra primera exposición conjunta. Habíamos planeado un evento íntimo, donde mostraríamos nuestras respectivas visiones del arte, pero también nuestra historia, nuestro viaje desde aquel primer encuentro hasta este preciso instante.

—Kara —su voz sonó desde el umbral de la puerta—, ven a ver esto.

Me levanté, mi corazón acelerándose como siempre lo hacía cuando estaba cerca de él. Cruzar la sala fue como atravesar un umbral invisible hacia el futuro que estábamos construyendo juntos. Cuando llegué a su lado, vi la imagen que había colgado: una serie de fotografías que había tomado de nuestras manos entrelazadas en diferentes momentos y lugares. Era una metáfora visual, una narrativa de cómo nuestras vidas se habían unido, paso a paso.

—Es hermoso —susurré, sintiendo una oleada de emociones al ver nuestro amor plasmado de una manera tan simple y poderosa.

Leo me miró, y su sonrisa fue cálida y sincera.

—No tanto como tú.

Me ruboricé, una reacción que siempre lograba sacar de mí sin esfuerzo. Era como si él pudiera ver más allá de mi fachada, más allá de las palabras, y capturar lo que realmente sentía.

Nos quedamos allí un momento, observando la obra, dejándonos envolver por la calma y la certeza de que este era el comienzo de algo nuevo, algo profundo. Podía sentir la presencia de Leo a mi lado, su calor, su fuerza, y todo se sentía tan... correcto.

—Nunca pensé que haríamos algo como esto juntos —admití, mientras seguía mirando las fotografías—. Mezclar nuestras vidas, nuestro arte... es más de lo que alguna vez imaginé.

—Yo tampoco —respondió él, tomando mi mano suavemente—, pero me gusta. Mucho.

Nos giramos el uno hacia el otro, y en sus ojos vi el mismo fuego que había visto desde el principio. Era una mezcla de pasión, ternura y algo más, algo que ahora podía nombrar sin miedo: amor. En ese momento, todo el viaje valió la pena. Cada duda, cada miedo, cada momento de vulnerabilidad nos había llevado hasta aquí, hasta este instante donde todo tenía sentido.

—¿Estás lista para esto? —preguntó, su voz baja y llena de expectativa.

Sabía que no solo se refería a la exposición. Se refería a nosotros, a lo que habíamos decidido empezar juntos. Sentí una oleada de tranquilidad recorrer mi cuerpo mientras asentía.

—Más que nunca.